일과 사람
15 국회의원

국민의 소리를 들어요!

이혜란 쓰고 그림

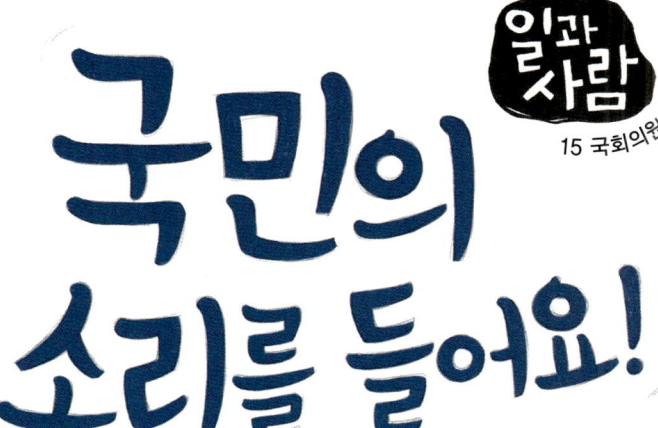

사계절

국회의원 선거가 시작되었어.
벽마다 포스터가 붙고, 거리마다 현수막이 걸렸어.
이번 선거에 나도 국회의원 후보로 나섰어.
기호 3번 풀잎당 김영희 후보야.

나는 우리나라를 더 살기 좋은 나라로 만들고 싶어.
국민들이 배우고, 치료받는 일을 책임지는 나라!
나는 앞장서서 그 일을 하기로 마음먹었어.

투표용지에 　　　🅐표를 찍고 　　　투표함에 넣어.

드디어 투표하는 날이야. 선거 운동은 어제로 끝났어.
그동안 나는 국회의원이 되면 어떤 일을 할지 열심히 알렸어.
이렇게 선거에서 국민들한테 약속한 것을 공약이라고 해.
사람들은 공약이 가장 마음에 드는 후보한테 투표를 하지.
오늘 나는 표를 얼마나 받을까? 아, 정말 떨린다.

투표소 열자마자 투표!

이번이 첫 투표예요. 만 열아홉 살.

내가 빠질 수 있나.

투표는 우리 아이가 살아갈 세상을 만드는 일이죠.

저도 한국인이 됐어요. 올해 처음 투표해요.

이번 선거에는 어느 때보다 시민들의 투표 참여 운동이 거세게 일어났는데요……

당선이야! 내가 가장 많은 표를 받았어.
함께 선거 운동을 했던 동료들과 마을 사람들이 얼싸안고 기뻐해.
나는 이제 국민의 한 사람이면서, 국민을 대표하는 국회의원이야.
선거 치르는 동안 사무실에 희망 나무를 만들어 두었어.
사람들은 바라는 것들을 쪽지에 써서 주렁주렁 매달아 주었지.
내게 표를 주며 이 일들을 하라고 한 거야.

나는 가슴속 깊이 그 뜻을 새겼어.
대한민국 국회의원 김영희,
신 나게 일해 보자!

여기가 내가 일하는 곳이야. 서울 여의도에 있는 대한민국 국회.
우리나라의 법은 모두 이곳에서 만들어. 바로 나 같은
국회의원들이 법을 만들지. 선거 때마다 국회의원 후보들이
지하철역을 만들겠다, 나라에서 운영하는 병원을 짓겠다,
공약을 하잖아. 자기가 짓겠다는 게 아니야. 나라에서 그런 일을
하도록 법을 고치거나 만들겠다는 뜻이야.

의원 회관
국회의원 사무실이 모여 있어.
한 의원이 사무실 하나를 써.
내 사무실도 여기에 있어.

우리나라는 법에 따라서 나라 살림을 하거든. 법이 좋아야
나라 살림을 잘하고, 그래야 국민들이 살기 좋아.
지난해에는 삼천 개도 넘는 법안을 검토했어.
그러니 내가 얼마나 바쁘겠어.
태어나서 이렇게 바쁜 적이 없었다니까.

국회 의사당
국회의원들이 모여서
토론하고 결정하는 곳이야.

국회 도서관
국회의원이 일하는 데 도움 되는
책과 자료들을 갖추고 있어.
국민들도 누구나 쓸 수 있지.

"저 왔습니다!"
이곳은 의원 회관 1229호. 나랑 보좌관들이 같이 일하는 방이야.
보좌관은 국회의원을 도와주는 전문가야. 나를 도와서 사람들이
어떤 어려움을 겪는지 살펴. 그리고 법을 어떻게 고쳐야 할지 함께 연구해.
나랑 같이 다니며 챙겨 주는 보좌관도 있고,
우리가 하는 일을 널리 알리는 보좌관도 있어.

우리 보좌관들은 별명이 '의원 회관 척척이'야.
보고서도 척척, 회의 준비도 척척. 뭐든지 척척 해내거든.
지난해에는 내가 가장 일 잘하는 국회의원으로 뽑혔어.
다 보좌관들 덕분이야.
자랑은 그만하고 이제 회의를 시작할까!

이번 회의는 아주 중요해. 내가 준비한 법안을 마지막으로 검토하는 자리거든.
법안은 법을 어떻게 고치고 만들건지 의견을 적은 거야.
이번에는 국민 건강 보험법을 고치려고 해. 내가 삼 년 전 선거에서
약속했던 바로 그 일이야. 새 법 이름은 '온 국민 건강법'으로 정했어.

법이란 무얼까?

법은 사람들이 꼭 지키고 따르기로 한 약속이야. 나이가 많으나 적으나, 여성이나 남성이나,
재산이 많으나 적으나 모두 법을 지켜야 해. 법을 어기면 재판을 통해 법에서 정한 벌을 받아.

법은 누구나 다 지켜야 해. 그러니 만들 때부터 꼼꼼히 따질 게 많아.
열심히 묻고, 듣고, 배우고, 연구하면서 오랫동안 준비했어.
이 법안을 많은 국회의원들이 찬성하면 진짜 법이 되는 거야.
국회의원이 되고서, 나는 많은 법안을 냈어. 법이 된 것도 있지만,
되지 않은 것도 많아. 이 법안은 이번 국회에서 꼭 통과시키고 싶어.

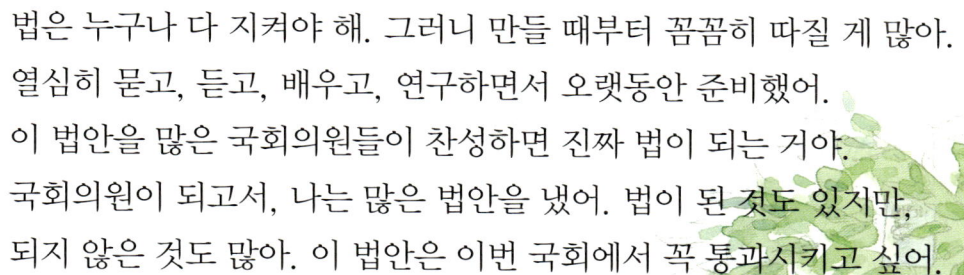

길거리를 생각해 봐. 차도 사람도 서로 먼저 가려고만 하면 사고가 나기 쉬워.
사람이 다치고 차가 망가지지. 길도 꽉 막혀. 그래서 신호등을 만든 거야.
신호를 따라 길을 건너고 차가 달리면 서로 부딪칠 일이 없어.
법은 이렇게 원하는 것을 이루면서도 안전하게 살려고 만든 거야.
그런데 법을 만들어 놓고 지키지 않으면 아무 쓸모가 없겠지?

우리가 만든 온 국민 건강법

우리나라 국민 건강 보험법은 훌륭한 법이야. 나라에서 병원비를 책임지는 법이지.
국민과 회사들이 낸 보험료와 세금으로 병원비를 내 주는 거야.
많이 버는 사람은 많이 내고, 적게 버는 사람은 적게 내도록 되어 있어.
그렇지만 아직은 고칠 점이 많아. 병원비나 약값을 보태 주지 않는 치료도 많거든.
나는 이 법을 고쳐서 더 좋은 법을 만들려고 해.

어떤 병이든 나라에서 책임지자

국민 건강 보험에서 모든 병을 책임지자. 환자를 돌보는 간병인한테 주는 돈도 내 줘야 해. 병원비 때문에 빚을 지거나 공부를 포기하는 일이 없게 해야지.

나라에서 운영하는 병원을 늘리자

누구나 평등하게 좋은 치료를 받으려면 나라에서 운영하는 국립 병원이 많아져야 해. 시립 병원이나 도립 병원도 늘려야지.

"큰누나가 학교를 그만두었어요. 입원한 엄마를 돌보려고요."

"돈이 없어서 검사를 미루었더니 더 큰 병이 됐어요."

"오늘도 돈이 없어서 수술을 포기한 환자가 있었어요."

"우리는 아파도 병원비 걱정은 하지 않아요."

다른 나라의 좋은 법을 배우자

쿠바나 핀란드, 캐나다, 영국 같은 나라들에 찾아가서 많이 배웠어. 그 나라 사람들은 아파도 걱정이 없대. 병원비가 모두 공짜라니! 우리나라보다 가난했을 때 이미 이런 법을 만들었대. 우리도 얼마든지 할 수 있어.

"우리 식구는 다섯 명인데 회사 보험이 열 개예요. 다달이 돈이 너무 많이 들어요."

국민 건강 보험으로 다 해결하자

사람들은 돈이 모자라서 치료를 못 받을까 봐 두려워해. 그래서 회사에서 파는 보험에 많이 들지. 그런데 국민들은 이미 국민 건강 보험에 돈을 많이 내고 있어. 큰 회사한테 세금을 더 걷어야 해. 허투루 쓰이는 세금을 찾아내서 국민 건강 보험에 쓰도록 하면 돼.

법안도 다 만들었고, 이 법에 쓰이는 돈이 얼마인지, 어떻게 마련할지도 생각해 두었어. 어때? 온 국민 건강법이면 온 국민이 건강해지겠지?

"우리가 이런 멋진 법안을 만들다니. 정말 훌륭해."

"의원님, 호주 기다려요."

나는 한 달에 한 번 병원에 찾아가서 사람들을 만나 왔어.
효주는 열세 살. 우리 큰아이랑 나이가 같아.
핏속에 암이 생기는 병에 걸려서 사 학년 때 처음 입원했대.
효주는 아파서 잘 먹지도 못하고, 공부도 조금밖에 못 해.
하지만 병원 도서관에서 책 읽는 걸 좋아해.
효주는 요리사가 꿈이야. 동생을 다시 만나면 떡볶이를 해 주고 싶대.
부모님이 효주를 돌보느라, 동생은 외할머니 댁에서 지내고 있어.

동건이는 형이랑 라면을 끓여 먹다가 크게 데었어.
덴 자리에 피부를 새로 붙이는 수술을 했어.
동건이는 자라지만, 새로 붙인 피부는 자라지 않아.
그래서 어른이 될 때까지 수술을 여러 번 받아야 해.

배갑년 할머니는 이가 많이 빠졌어. 틀니를
해야 하는데, 너무 비싸서 참고 있어.
제대로 씹지 못하니까 위장에 병이 생겼어.
그래도 맨날 '아햐햐햐!' 하고 웃으셔.

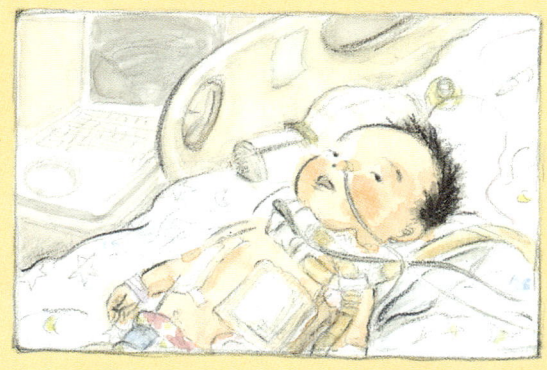

보람이는 태어날 때부터 심장이 아팠어.
태어난 지 겨우 열일곱 달 됐는데, 벌써 두 번이나
수술을 받았어. 첫 생일도 병원에서 보냈어.
앞으로도 여러 번 수술받아야 한대.

원석이 아빠는 택배 기사야. 바삐 다니다가
사고가 났어. 엄마는 일하러 나가고,
원석이가 아빠를 돌봐 드려. 학교 마치면
얼른 병원으로 와야 해.

다들 세금도, 건강 보험료도
꼬박꼬박 내는데, 이게 뭐야!
온 국민 건강법을 꼭
통과시키고 말겠어.

의원님, 다음
약속에 가셔야……

나는 병원뿐 아니라 시장에도 가고 공장에도 가고, 시민 단체도 만나.
사람들을 만나서 어떻게 사는지 듣고, 무엇이 어려운지 물어.
이 일은 무척 중요해. 법과 제도를 어떻게 고쳐야 할 지 알 수 있거든.
사람들 사이에 다툼이 일어나면, 어떻게 된 일인지 자세히 알아봐.
문제를 풀 방법도 찾아내야 해. 이것도 국회의원이 할 일이야.

'어떻게 하면 골고루 행복할 수 있을까?'
사람들을 만나서 조사하고 연구한 것들을
가지고 동료 의원들과 함께 고민해.
법안을 국회에 내놓을 때는
열 명 넘는 국회의원이 뜻을 모아야 해.
온 국민 건강법도 이렇게 함께
의논해서 만들었지. 며칠 뒤면
국회에서 검토할 거야.

온 국민 건강법 토론을 시작했어. 건강에 관한 법을 맡고 있는
국회의원들이 모였어. 보건 복지 상임 위원회야.
그런데 다른 의원들이 온 국민 건강법을 반대해.
병원비에 세금을 많이 쓰다가는 나라 살림이 휘청거릴 거라고 해.
하지만 세금은 국민이 낸 돈이야. 국민을 위해 쓰는 게 맞아.
아플 때 치료를 받지 못하면, 다시 일하고 공부할 수도 없어.
나는 너무나 답답했어. 그래도 자료를 내놓으며 계속 설득했어.

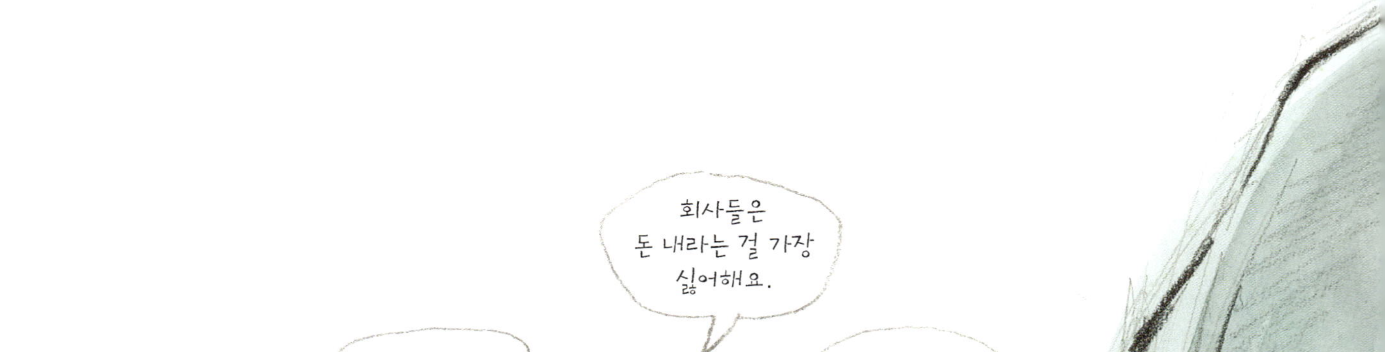

> 싸우지들 마시고 토론을 하세요!

> 우리나라 형편에는 어려운 일입니다.

> 회사들은 돈 내라는 걸 가장 싫어해요.

> 자기 병원비를 왜 나라에서 줍니까?

법이 정해지려면?

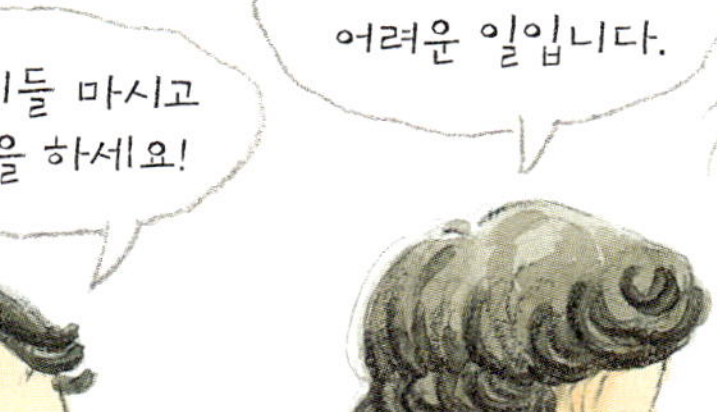

사람들이 선거로 국회의원을 뽑아.

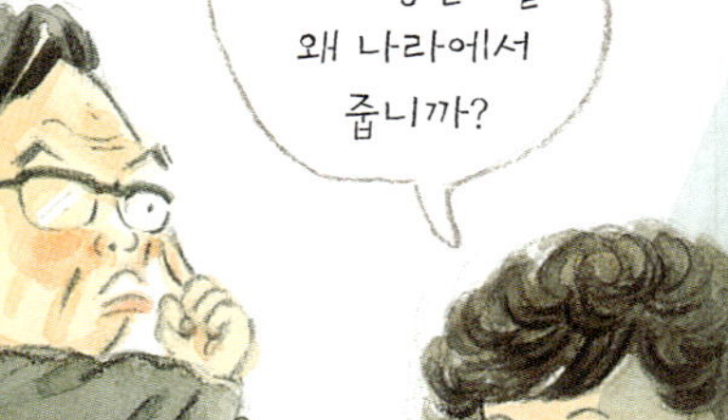

국회는 환경, 노동, 보건, 교육, 건설, 통일 들로 일을 나누어서 해. 이렇게 나눈 모임을 상임 위원회라고 해. 국회의원들이 더 집중해서 일할 수 있어.

온 국민 건강법안은 다음에 다시 토론하기로 했어.
일이 손에 잡히지 않아. 효주랑 찍은 사진을 꺼내 보았어.
효주는 가족들한테 미안하대.
병원비를 대느라, 집을 팔고 더 작은 집으로 옮겼거든.
원석이 아빠는 치료를 다 받지도 못하고 일하러 나가.
병원비가 늘어 가니까 돈을 벌어야 한대.
동건이는 날마다 물어봐.
아빠, 돈 많이 벌었어? 나 치료받을 수 있어?

사람은 누구나 아플 수 있어. 그러니 누구나 치료받을 수 있어야 해.
이대로 법안이 버려지면 어떡하지?
어떡하면 좋을까! 어떻게 해야 할까!

나는 거리로 나갔어. 떨리고 두려웠지만 마음을 다잡았어.
학교 앞, 공원, 시장, 사람들이 많이 모이는 곳이면 어디든 갔지.
그리고 온 국민 건강법을 설명했어.
이 법은 사람들을 찾아다니며 의견을 모아서 만들었어.
그러니 법을 통과시키는 데에 사람들이 힘을 모아 줄 거라고 믿어.

나는 기자들과 인터뷰도 하고, 텔레비전 토론회에도 나갔어.
뜻있는 의사와 간호사 들도 함께 서명 운동을 했어.
반대하는 국회의원들을 만나 다시 설득했어.
국민이 바라는 게 무엇인지,
국민의 소리를 들어 보라고 말이야.

"건강한 국민이 건강한 나라를 만듭니다!"
그동안 서명 운동을 함께했던 사람들이 모였어.
오후에 보건 복지 상임 위원회가 열려.
온 국민 건강법안을 본회의에 보낼지, 투표를 할 거야.

투표를 앞두고 국회 앞에서 기자 회견을 열었어.
이 법이 꼭 필요하다는 국민의 목소리,
이 법을 꼭 통과시키겠다는 국민의 뜻을 보여 주었어.
국회 앞으로 사람들이 더 많이 모이고 있어.

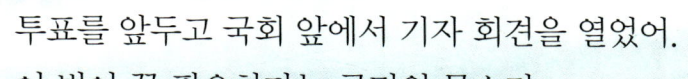

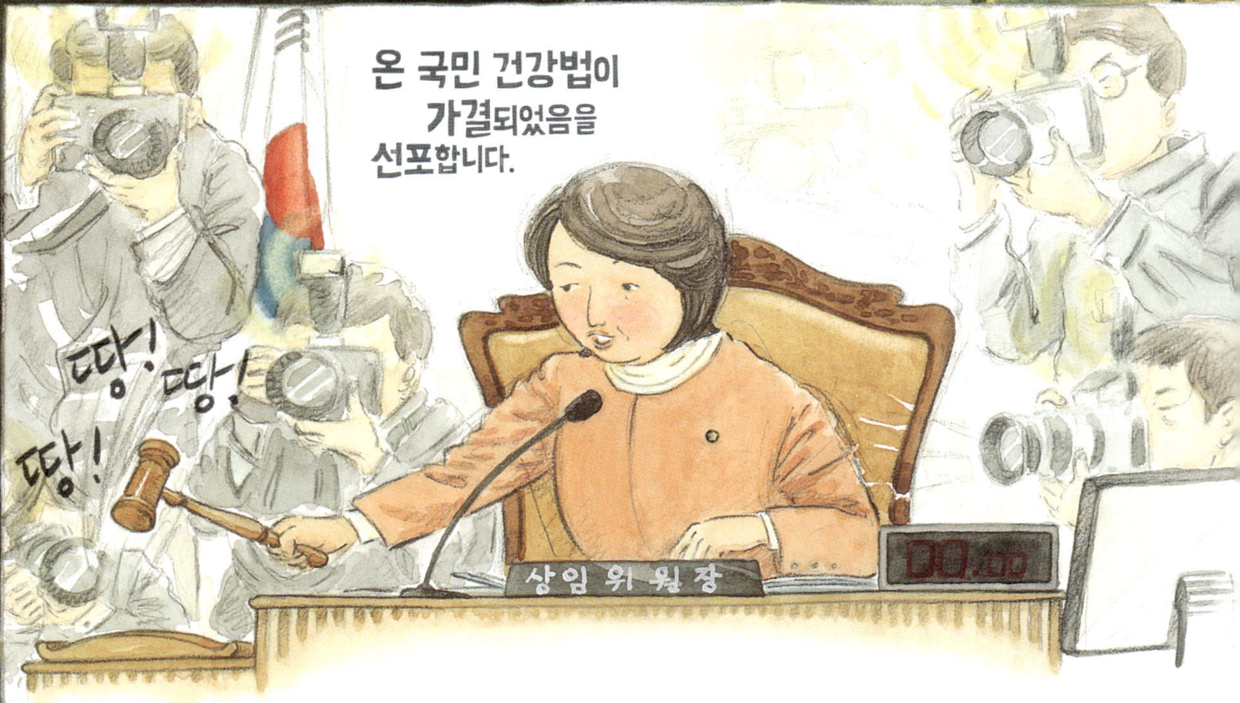

해냈어! 드디어 보건 복지 상임 위원회를 통과했어.

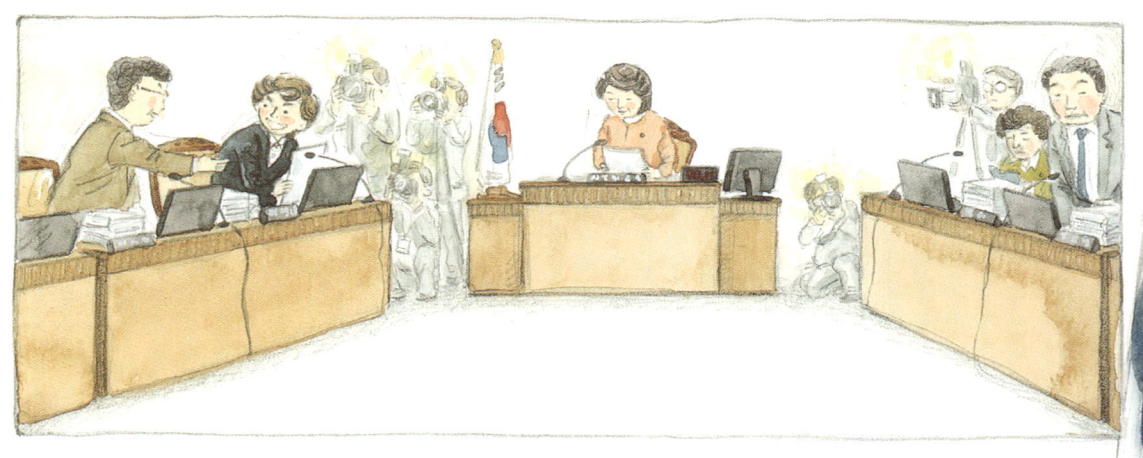

나는 바로 기자 회견을 열었어.
앞장서서 애쓴 의사들과 배갑년 할머니, 동건이, 효주도 왔어.
온 국민 건강법이 상임 위원회를 통과했다고 국민들에게 알렸어.
그리고 이 법은 국민들이 통과시킨 법이라고,
정말 고맙다고 이야기했어. 눈물이 조금 났어.
국회 의사당 밖에 모인 사람들이
기뻐하는 소리가 들리는 것 같았어.

의원실로 돌아왔어. 아직 일이 남았거든.
척척이 보좌관들은 그 사이 인터넷에 알리는 글도 올리고, 기자들 전화 질문에 대답도 해 주었어. 이러니 내가 일 잘하는 의원으로 뽑히지.
우리는 또 회의를 했어. 본회의에서 여러 법안들이 통과를 기다리거든.
나도 찬성이나 반대를 해야 하니까 법안들을 자세히 살펴 봐.

정부가 내놓은 내년 예산안도 심사해.
예산안은 내년에 들어올 세금을 어디에 얼마큼 쓰겠다는 계획서야.
국회에서 꼼꼼히 검토해서 세금을 꼭 필요한 곳에 쓰도록 해.
무기를 사는 데 돈을 많이 쓰는지, 어린이 건강에 돈을 많이 쓰는지
따져 보는 거야. 이런, 일을 마치고 나니 한밤중이네.

요 며칠은 아이들이 잠들고 나서야 집에 왔어.
나는 집에 오면 아이들 옆에 가만히 누워 봐. 새근새근 숨소리를 듣지.
어느새 이렇게 훌쩍 자랐어. 다리도 길쭉해졌네.
아빠가 살뜰히 챙겨 주고, 할머니도 자주 오시지만
그래도 미안한 마음이 들 때가 있어.
그럴 때는 잠자는 아이들 손을 잡고 약속해.
"날마다 더 나은 나라가 되도록 노력할게."

내일은 드디어 국회 본회의가 열려.
우리 법안이 진짜 법이 될지 결정되는 날이지.
나는 내일 입을 옷을 깨끗하게 다려 놓았어.
그리고 거울 앞에 서서
본회의에서 할 연설을 연습했어.

국회 본회의장에 국회의원들이 모두 모였어.
곧 온 국민 건강법안에 대해서 투표를 할 거야. 나는 이 법이 왜 필요한지 말하러 나갔어. 조금 떨려. 숨 한번 크게 쉬고 국회의원들을 둘러보았어.
이 자리에서 수많은 법을 통과시킨 옛 국회의원들을 생각했어.
이 법을 만들면서 만났던 사람들을 떠올렸어.
그리고 간절한 마음으로 연설을 시작했어.

"존경하는 국민 여러분! 동료 국회의원 여러분!
우리는 오늘 새로운 대한민국을 만들 것입니다.
새로운 대한민국은 국민 건강을 책임지는 나라입니다."

"이 법안이 통과되면, 우리나라에 있는 모든 사람은
돈 걱정 없이 치료를 받을 수 있습니다.
국민 누구도 아프다는 이유로 꿈을 잃거나
행복을 빼앗기지 않을 것입니다."

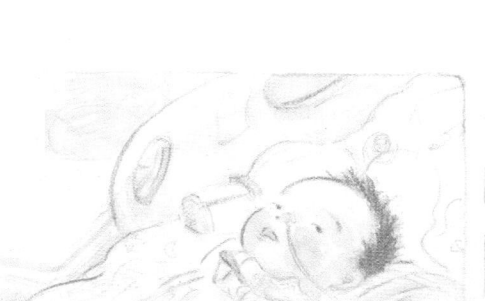

"나라가 국민 건강을 책임지면,
국민은 마음껏 꿈을 펼칠 수 있습니다.
우리 국민들은 이런 대우를 받을 자격이 있습니다.
대한민국은 국민을 위해 힘을 쏟을 능력이 있습니다."

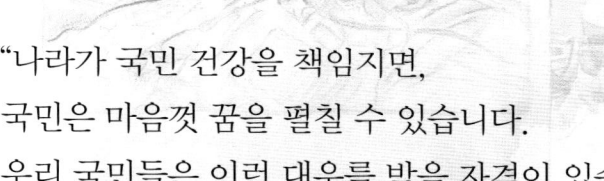

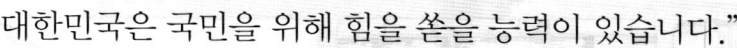

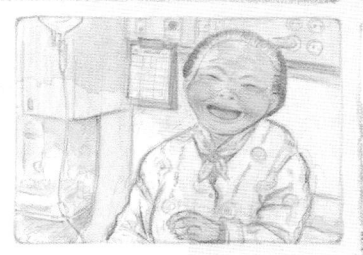

"우리 국회의원들의 결정을 국민들이
지켜보고 있습니다. 온 국민 건강법을
통과시켜 주십시오!"

나는 대한민국 국회의원이야.
국민의 한 사람이면서 국민을 대표하는 사람이지.
나는 법을 고치고 새로 만들어.

국민의 뜻에 따라, 국민을 위해.

국회의원은 할 일이 많아

선거하는 날은 학교에 가지 않아도 되니 좋지? 선거하는 동안 어른들은 둘만 모여도 선거 이야기를 하고, 텔레비전에서도 후보들이 나와서 토론을 해. 국회의원을 뽑는 일이 아주 중요한 일이라서 그래. 그런가 하면, 어른들은 국회의원 욕도 많이 해. 일을 똑바로 못한다고 답답하대. 국회의원은 무슨 일을 하기에 그럴까? 하나하나 알아보자.

어린이들이 늦은 시간까지 학원에 다니지 않게 법을 만들자

법도 바뀌거나 없어져. 새 법을 만들기도 하지. 바로 국회의원들이 그 일을 해. 사람들이 더 잘 살 수 있도록 낡은 법을 고치고 새로 만들지. 정부도 법을 만들지만, 국회의원들이 찬성해야 법이 되는 거야.

이 조약에 따르면 우리 농부들이 피해를 입겠어요

나라끼리 물건을 사고팔기도 하고, 여행을 오가기도 해. 그런데 나라마다 법이 달라서 불편한 점이 많아. 그래서 나라와 나라 사이에도 약속을 정해. 그걸 조약이라고 해. 환경 오염 같은 문제는 많은 나라들이 모여서 조약을 맺지. 이런 조약들도 국회 허락을 얻어야 해. 그 조약 때문에 세금이 너무 많이 쓰이거나, 우리나라 사람들이 피해를 볼 수도 있으니까 다 따져 봐야 하거든. 국회의원들이 찬성해야 조약을 맺을 수 있어.

장애인 복지 예산이 부족합니다. 더 늘려야 해요!

국회가 법을 만드는 곳이라면, 정부는 법에 따라 나라 살림을 하는 곳이야. 정부는 내년에 세금을 얼마나 걷고, 어디에 쓸 건지 계획을 세워서 예산안을 만들어. 국회의원들은 예산안을 살펴서, 허락하거나 고치라고 해. 그리고 한 해 동안 세금을 제대로 썼는지도 검토하고, 세금을 잘못 썼으면 정부에 어떻게 된 일인지 묻고, 답을 받아.

노동부 장관님, 대답해 보세요!

국회는 해마다 9월이면 나라 살림 전체를 자세히 살펴봐. 정부가 국민을 위해 법대로 잘하고 있는지 말이야. 국회의원은 장관, 차관 들을 국회로 불러서 물을 수 있어. 필요한 자료도 다 볼 수 있지.

이 사람은 대법원장을 하기에 문제가 많습니다!

대법원장이나 국무총리를 대통령이 마음대로 시킬 수 없어. 국회의원들이 찬성해야 해. 국민을 위해서 일할 사람을 뽑아야 하니까, 국민을 대표해서 국회의원들이 살피는 거야. 장관, 차관을 임명하기 전에도 국회의원들이 불러서 이 일을 잘할 사람인지 따져 봐.

국민들이 궁금해하고 있습니다. 조사해야 해요!

국회의원은 국민들이 겪는 어려움을 잘 알고, 풀기 위해서 애써야 해. 어느 회사에서 일하는 사람들을 한꺼번에 내쫓았다든지, 나라에서 큰 공사를 했는데 세금만 많이 들어가고 쓸모가 없다든지 하는 일들 말이야. 그럴 때, 국회는 국정 조사를 할 수 있어. 어떻게 된 일인지 알아보고, 관련 있는 사람들을 불러서 책임을 묻지.

일을 더 잘하라고 특별한 권리를 줬어

국회의원이 국회에서 일을 하느라 한 말이나 찬성, 반대 투표에 대해서는 벌을 받지 않아. 어떤 죄를 지었다고 의심받아도, 국회가 허락하지 않으면 국회의원을 잡아갈 수 없어. 물론 죄를 짓는 그 자리에서 잡혔다면, 그건 잡혀가지. 국민을 대표해서 일하는 사람이니까 마음껏 일할 수 있게 보호하는 거야. 나라에서는 국회의원에게 다달이 활동비를 주고 사무실도 내줘. 보좌관의 월급도 주지. 자동차와 기름값도 다 국민 세금으로 주는 거야. 대신 국회의원은 다른 일을 하면 안 돼. 오로지 국회의원 일만 열심히 해야 해.

한 표는 힘이 세다

한 표를 갖기까지

옛날에는 왕이 나라를 다스렸어. 왕이 죽으면 자식이 새 왕이 되었지. 왕을 도와 나랏일을 하는 귀족이나 양반도 마찬가지였어. 태어날 때부터 귀한 사람이 따로 있고, 이 사람들이 어리석은 백성들을 다스려야 한다고 생각했지. 아주 오랫동안 그렇게 했기 때문에, 사람들은 그것이 당연한 줄 알았어. 많은 사람들은 일을 아무리 해도 가난하게 살았어. 직업도 마음대로 고를 수 없고 공부도 하면 안 됐어. 걸핏하면 전쟁이나 큰 공사에 끌려가 일을 해야 했어.

차츰차츰 사람들은 이것이 잘못되었다고 느꼈어. 왜 몇몇 사람들이 정하는 대로 따라야 하는지 억울했어. 어떻게 살고 싶은지, 어떤 나라를 만들고 싶은지 스스로 생각하고 결정할 수 있어야 한다고 생각하게 된 거야. 그런 생각이 널리 퍼졌어. 사람들은 자유롭고 평등한 세상을 만들려고 싸워 나갔어. 천천히 한 걸음씩 세상을 바꾸어 나갔지. 이제는 법으로 정한 나이가 되면 누구나 대통령이나 국회의원 후보로 나설 수 있어. 그리고 사람들은 누구나 똑같이 한 표씩 투표할 수 있는 권리를 갖게 되었지. 자기들을 대표할 사람을 뽑고, 의견을 말할 수 있는 힘. 이 한 표를 모두가 갖기까지, 아주 오래 걸렸어.

한 표가 할 수 있는 일

대통령도 국회의원도 국민들이 투표로 뽑아. 우리 고장을 대표하는 시장이나 도지사도 뽑고, 교육을 책임지는 교육감도 뽑지. 선거에서 후보들이 약속한 것을 잘 살펴보고, 가장 낫다고 생각하는 사람한테 표를 주는 거야. 선거에서 뽑힌 사람들은 아주 중요한 결정들을 해. 그 결정에 따라 법도 바뀌고 국민들 생활도 많이 바뀌어. 그러니까 투표를 할 때 많이 알아보고, 잘 생각해야 하지. 어떤 나라를 바라는지, 어떻게 살고 싶은지 투표로 말하는 거니까. 우리가 환경을 지켜서 깨끗한 공기와 물을 누리고, 돈 걱정 없이 공부하고, 남과 북이 평화롭게 통일하기를 바란다면 그렇게 하겠다는 사람한테 투표하면 되는 거야.

아, 그런데 선거에 나와서 했던 약속을 지키지 않는 사람도 있어. 그럴 때는 국민들이 약속을 지키라고 말해야 해. 꼭 기억해 두었다가 다음에는 뽑지 않아야 하지. 거짓말쟁이가 대표가 되면 안 되잖아.

그리고 투표가 아니더라도 국민이 무엇을 바라는지, 무엇이 잘못되었다고 생각하는지 말할 수 있어야 해. 정치는 국민 뜻에 따라야 하잖아. 언제든지 국민 뜻을 알려야 국민이 바라는 대로 나라를 만들어 갈 수 있어. 국민들이 가진 한 표는, 미래를 결정하는 힘이야.

작가의 말

어떤 나라에 살고 싶어?

　텔레비전 뉴스를 볼 때마다 욕했어. 맨날 싸우고 있잖아. 뭐 하는 사람들인지 모르겠더라고. 그러면서 늘 똑같은 말만 하지. 국민을 위해서라나?
　도대체 국회의원은 무슨 일을 하는 사람이지? 제대로 알아봐야겠다고 마음먹었어. 나는 꼬박 백 일 동안 서울 여의도에 있는 국회의원 회관으로 출근을 했지. 본회의가 열리는 국회 의사당에도 들어가 보고, 보좌관들과 국회 식당에서 밥도 같이 먹었어. 국회의원을 따라다니면서 가까이에서 지켜보고, 궁금했던 것들을 직접 물어보았지. 내가 주로 취재한 국회의원은 초등학생 아이가 둘 있는 엄마였어.
　그 국회의원은 마을 시장에 가면 채소와 고기를 사는 것보다 먼저, 시장에서 장사하면서 어려운 점이 무엇인지 물어봐. 택배를 부치고 받는 것보다, 택배 기사들이 무엇을 힘들어하는지부터 물어봐. 오는 길에는 마을에 있는 방과 후 어린이 교실에 들러 선생님들한테 물어봐.
　"이 마을에는 방과 후에 홀로 있는 아이들이 몇 명이나 있나요? 교실을 꾸려 가기에 돈이 모자라지는 않나요? 나라에서 지원은 잘되나요? 어떤 점을 고쳤으면 하나요?"
　물론 아이들한테도 물어보지.
　"몇 시까지 여기 있어? 저녁밥은 어떻게 먹니? 부모님이 늦게 오시면 어떻게 해?"
　국회의원은 묻는 사람이더라. 찾아가서 묻고 듣는 사람. 그리고 무언가 수첩에 꼼꼼히 적었어.
　의원 회관으로 돌아와서는 수첩을 다시 펼쳐 보며 고민하더라고. 법을 어떻게 고쳐야 시장 상인들이 신 나게 장사할까? 무슨 법을 새로 만들어야 택배 기사들이 일할 맛이 나지? 아이들이 건강하게 자라도록 하려면 어떤 법을 바꾸고 새로 만들어야 할까? 늘 조사하고, 공부하고, 따져 보고, 답을 찾으려고 애쓰고 있었어.

　국회의원은 법을 고치고 새로 만드는 사람이기 때문이야. 법을 잘 만들면 돈이 없어도 누구나 하고 싶은 공부를 마음껏 할 수 있대. 서로 경쟁하고 등수를 매기는 시험은 치지 않아도 된대. 정말 대단하지? 법이라는 게 이렇게 중요하더라고. 국회의원들이 법을 잘 만들면 우리나라가 훨씬 더 살기 좋은 나라가 될 수 있다는 거야.

　그런데 왜 여전히 등수 매기는 시험도 치고, 비싼 학비를 내야 하지? 그건 국민들이 그런 법을 만들 국회의원을 뽑지 못해서 그런 거야. 이 책에 나온 온 국민 건강법도 아직 우리나라에는 없어. 하지만 김영희 의원같이 이런 법을 만들 국회의원을 뽑는다면, 우리도 병원비 걱정 없는 나라를 만들 수 있겠지.

　국회에서 법을 놓고 늘 토론을 해. 가끔은 싸움도 나지. 새로 만들거나 고치려는 법이 정말 국민을 위한 법인지, 어쩌면 국민이 불행해지는 법은 아닌지 따져 보느라고 말이야. 말로만 국민을 위한다고 하고서는 제 욕심을 채우는 국회의원들도 있거든.

　그 국회의원들도 국민이 뽑은 거야. 국민을 위해 일할 사람인지 잘 따져 봐서 뽑아야 하는데, 대충만 알고 투표를 해서 그래. 투표도 하지 않고 놀러 가는 사람들도 많아. 얼마나 중요한 일인지 알면 그러지 않을 텐데!

　국회의원도, 대통령도 모두 국민이 투표로 뽑잖아. 알고 보면 법도, 나랏일도 국민이 만드는 거야. 그래서 나라의 주인은 국민이라고 해.

　이 책을 보는 어린이들은 나라의 미래를 만드는 어린 국민들이야. 아직 투표를 할 수는 없지만, 더 좋은 나라를 만들 수 있는 힘을 갖고 있어. 나라의 미래를 결정할 수 있지.

　상상해 봐. 어떤 나라에서 살고 싶어?

글·그림 **이혜란**

부산에서 자랐습니다. 어릴 때 다락방에서 세계명작전집을 보며 아름다운 그림에 푹 빠졌습니다.
뒷마당에 사는 강아지와 고양이, 닭, 토끼랑 함께 자랐고, 꽃밭도 가꾸었습니다. 대학에서 시각디자인을
공부하고 출판사와 애니메이션 회사에도 다녔습니다. 한국일러스트레이션학교에서 그림책을 공부했습니다.
좀 더 따뜻한 세상이 되었으면, 서로 돕고 아끼며 살았으면 하는 바람으로 어린이책을 만들고 있습니다.
그림책 『우리 가족입니다』로 2005년 보림창작그림책공모전 대상을 받았습니다.
『짜장면 더 주세요!』, 『뒷집 준범이』를 쓰고 그렸습니다. 『돼지 오줌보 축구』, 『바닷가 아이들』,
『니가 어때서 그카노』, 『너 내가 그럴 줄 알았어』, 『산나리』 같은 책에도 그림을 그렸습니다.

감수 우석균(의사, 보건의료단체연합 정책실장)

일과 사람 15 국회의원

국민의 소리를 들어요!

2013년 8월 1일 1판 1쇄
2025년 7월 31일 1판 13쇄

ⓒ이혜란, 곰곰 2013

글·그림 : 이혜란 | 기획·편집 : 곰곰_전미경, 심상진, 안지혜 | 디자인 : 권석연, 남경민 | 제작 : 박흥기
마케팅 : 이장열, 김지원 | 홍보 : 조민희 | 출력 : 한국커뮤니케이션 | 인쇄 : 코리아피앤피 | 제책 : 책다움
펴낸이 : 강맑실 | 펴낸곳 : (주)사계절출판사 | 등록 : 제406-2003-034호
주소 : (우)10881 경기도 파주시 회동길 252
전화 : 031)955-8588, 8558 | 전송 : 마케팅부 031)955-8595 편집부 031)955-8596
홈페이지 : www.sakyejul.net | 전자우편 : picturebook@sakyejul.com
블로그 : blog.naver.com/skjmail | 페이스북 : facebook.com/sakyejulpicture
트위터 : twitter.com/sakyejul | 인스타그램 : sakyejul_picturebook

값은 뒤표지에 적혀 있습니다. 잘못 만든 책은 구입하신 서점에서 바꾸어 드립니다.
사계절출판사는 성장의 의미를 생각합니다. 사계절출판사는 독자 여러분의 의견에 늘 귀 기울이고 있습니다.
이 책은 저작권법에 따라 보호받는 저작물이므로 무단전재와 복제를 금합니다.

ISBN 978-89-5828-685-1 74370   ISBN 978-89-5828-463-5 74370(세트)